Dagmar Binder

Ein Zwerglein ging zur Weihnachtszeit

Geschichten, Lieder, Rezepte und Bastelspaß

Mit Bildern von Irmgard Paule

Patmos

Inhalt

In der Himmelsbäckerei

In der Weihnachtsbäckerei	4
Die Zauberrosinen (Sarah Bosse)	6
Stutenkerle & Co	8
Rosinen: Süß und saftig	9
Stutenkerle backen	10
Oh, es riecht gut	12
Bäckermeister Fröhlichs Himmlische Zimtsterne backen	14
Weihnachtsduft	16
Kekse backen	18
In der Himmelsbäckerei (Dagmar Binder)	20
Es hat sich halt eröffnet	24
Vom Christkind (Anna Ritter)	25
Rezepte für Engelsaugen und Bunte Engelsküsse	26
Himmlische Weihnachtsgrüße	28

Vom Wünschen und Schenken

Ein Zwerglein ging zur Weihnachtszeit	30
Die Weihnachtsmaus (James Krüss)	32
Reime für den Nikolaus	34
Lasst uns froh und munter sein	36
Bald nun ist Weihnachtszeit	37
Basteln mit Nüssen	38
Die Geschichte vom beschenkten Nikolaus (Alfons Schweiggert)	40

Wir wünschen euch frohe Weihnacht	42
Wunschengel	43

Am Himmel ein Stern

Stille Nacht, heilige Nacht	44
Der blank geputzte Weihnachtsstern (Christine Fehér)	45
Salzteig-Sterne	50
Stern über Bethlehem	52
Eine Wintergeschichte (Max Bolliger)	54
Kam der Hahn nach Bethlehem	56
Singspiel	58
Tiermasken	59
Wisst ihr noch, wie es geschehen?	60

Verzauberte Welt

Schneeflöckchen, weiß Röckchen	62
Spiele im Schnee	64
Schnee im Dorf (Josef Guggenmos)	66
Schneeflocken	68
Schneemann, rolle, rolle	69
Eisblumendschungel (Friedl Hofbaur)	70
Schneeflocken-Experiment	71
Die Christrose (Anna Brenner)	72
Blumen im Schnee	73
Es ist ein Ros entsprungen	74
Es ist ein Ross entsprungen (Christoph Mauz)	75
Heiße Getränke für kalte Nasen	76
Bärenglück	77

Register   78

2. Brauchen wir nicht Schokolade,
   Honig, Nüsse und Succade
   und ein bisschen Zimt? Das stimmt!
   Butter, Mehl und Milch verrühren,
   zwischendurch einmal probieren
   und dann kommt das Ei: Vorbei!

3. Bitte mal zur Seite treten,
   denn wir brauchen Platz zum Kneten.
   Sind die Finger rein? Du Schwein!
   Sind die Plätzchen, die wir stechen,
   erst mal auf den Ofenblechen,
   warten wir gespannt: Verbrannt!

Die Zauberrosinen

Vor langer Zeit gab es einmal in einem nikolaus-roten Haus eine Bäckerei. Das war die Bäckerei von Bäckermeister Fröhlich.

Morgen war Nikolaus und Meister Fröhlich musste Stutenkerle backen. Ausgerechnet jetzt hatte der Geselle so einen Schnupfen bekommen, dass der Meister ihn nach Hause schicken musste.

»Heiliger Spekulatius!«, jammerte Meister Fröhlich. Eilig lief er hin und her. Bald taten ihm die Füße weh.

»Meine Füße sind dick wie Hefeteig. Aua, aua!«, jammerte der Bäckermeister.

Er schleppte riesige Tüten und schwere Eimer, dass ihm bald der Rücken stach. Er wog Mehl, zerkrümelte Hefe, maß Wasser, schlug Eier auf und knetete, dass ihm bald die Arme wehtaten.

Als endlich das letzte Blech mit Stutenkerlen belegt war, da jammerte der Bäckermeister: »Heiliger Spekulatius! Ach, wenn ich doch nur jemanden hätte, der mir hilft!«

Die Stutenkerle waren immer noch nicht fertig. Denn es fehlten noch die Augen. Also griff der Meister nach dem Rosinenkasten. Doch der Kasten war leer!

»Oje!«, sagte der Bäckermeister, »jetzt muss ich auch noch in den Keller und neue Rosinen heraufholen!«

Doch was war das? Als er wieder in die Backstube kam, da lagen auf dem Backbrett zwei schöne, rotbraune Rosinen.

»Nanu!«, staunte der Meister. »Wo kommen die denn her?«

Aber weil die zwei besonders schöne Rosinen waren, sollte der schönste Stutenkerl sie als Augen bekommen. Kaum hatte der Bäckermeister bei dem schönsten Stutenkerl die Rosinen in den Teig gedrückt, da sprang der kleine Kerl auf die Füße.

Meister Fröhlich starrte den Stutenkerl erschrocken an: »Heiliger Spekulatius, steh mir bei!«
»Na hör mal! Mich schickt ja der heilige Spekulatius. Ich soll dir doch helfen!«
Der Bäcker musste lachen. Aber da schob der Stutenkerl schon die große Rosinentüte über den Tisch und verteilte flink die Rosinen.
Der Zauberstutenkerl rollte Marzipankugeln, stach Plätzchen und Zimtsterne aus. Zum Schluss fegte er alle Krümel zusammen, denn er war ein ordentlicher kleiner Kerl.
Bäckermeister Fröhlich lachte glücklich.
»Ohne dich hätte ich das nicht geschafft!« Gut gelaunt holte er einen Kasten für die Stutenkerle. Doch da war der Zauberstutenkerl verschwunden.
Schade, dachte der Meister, so ein netter kleiner Kerl!
Als am nächsten Morgen die ersten Kunden in seinen Laden kamen, da waren die Regale gefüllt mit Marzipankugeln, Plätzchen, Zimtsternen und einem großen Kasten voller Stutenkerle.

Sarah Bosse

Stutenkerle & Co

Manche kennen den Stutenkerl auch als Weckmann, als Piepenkerl, als Klausenmann oder einfach als Hefekerl. Denn dieses Weihnachtsgebäck ist weit verbreitet und hat viele Namen.

Früher wurde das Hefegebäck nur am Nikolaustag, später auch am Martinstag gebacken. Das Teigmännchen stellt eine eine Nachbildung des heiligen Nikolaus dar, also einen Bischof. Dreht man die heute übliche Tonpfeife um, so erkennt man den ursprünglichen Bischofsstab.

Übrigens …
*Was haben die Stutenkerle mit den Stuten –
also den weiblichen Pferden – zu tun?
Eigentlich gar nichts! Das Wort »Stuten«
ist ein alter Begriff für Hefegebäck.*

Rosinen: Süß und saftig

Rosinen gehören zu den wichtigen Zutaten der Weihnachtsbäckerei und zu den ältesten Lebensmitteln der Menschen überhaupt. Sie sind sehr nahrhaft und lange haltbar.

Als Rosinen werden getrocknete Weintrauben bezeichnet. Sie haben viermal so viele Kalorien wie frische Trauben und sind reich an Mineralstoffen.

Die Rosinen-Familie:

Korinthen aus Griechenland sind klein und schwarz, meist aus blauen Trauben.

Sultaninen aus der Türkei und *Weinbeeren* aus Kalifornien sind großbeerig und heller.

Zibeben haben Kerne und eine dickere Schale.

Wie süß! Rosinen enthalten 75 Prozent Zucker.

Tipp:
Rosinen vor dem Backen in einer Flüssigkeit einweichen, dann werden sie saftiger und gehen besser auf.

Stutenkerle backen

Das wird gebraucht:
500 Gramm Mehl
1 Päckchen Trockenhefe
100 Gramm Zucker
1 Prise Salz
100 Gramm weiche Butter
¼ Liter lauwarme Milch

Zum Bestreichen:
1 Eigelb
etwas Milch oder Sahne

Zum Verzieren:
Rosinen, Hagelzucker, Mandelstifte

So wird's gemacht:
Mehl, Trockenhefe, Zucker und Salz vermischen. Die weiche Butter und die lauwarme Milch dazugeben. Alles mit dem Knethaken des Mixers oder mit den Händen etwa 10 Minuten lang kneten. Der Teig muss einen Kloß ergeben und darf nicht mehr am Schüsselrand kleben. (Sonst eventuell noch etwas Mehl zugeben.)

Die Teigschüssel mit einem sauberen Tuch abdecken, an einen warmen Ort stellen und etwa ein halbe Stunde gehen lassen.

Den aufgegangenen Teig noch mal gut durchkneten und in vier Teile teilen. Jedes Teigstück etwa 20 Zentimeter lang rollen.

Jede Rolle mit den Händen platt drücken, und einen Stutenkerl daraus formen. Dazu Arme und Beine ausschneiden.

Backbleche mit Backpapier auslegen. Die Stutenkerle darauf legen. Nicht zu dicht, sie werden noch größer.

Das Eigelb mit etwas Milch oder Sahne verquirlen. Die Stutenkerle damit bestreichen.

Zwei Rosinen als Augen in den Teig drücken. Mandelstifte als Haare einstecken. Den Körper eventuell noch mit Hagelzucker und weiteren Rosinen verzieren.

Die Stutenkerle in den kalten Backofen schieben. Temperatur auf 180 Grad / Umluft 160 Grad / Gas Stufe 2 stellen und etwa 20 bis 30 Minuten goldbraun backen.

Übrigens …
Mit Trockenhefe entfällt das Anrühren eines Vorteiges. Hefeteig gelingt leicht, wenn man berücksichtigt, was Hefe braucht: Wärme, Luft (deshalb viel kneten) und etwas Zeit.

Oh, es riecht gut

*Text und Melodie:
Christel Ulbrich*

1.–9. Oh, es riecht gut, oh, es riecht fein! Heut rühr'n wir Teig zu Plätz-chen ein.

1. In der Kü-che wird ge-ba-cken, helft nur al-le Man-deln kna-cken.

1.–10. Oh, es riecht gut, oh, es riecht fein.

2. Butter, Zucker glatt gerührt
und die Bleche eingeschmiert.

3. Eier in den Topf geschlagen
und die Milch herzugetragen.

4. Gutes Mehl, das
woll'n wir sieben,
aber nichts
daneben stieben.

5. Bärbel trägt heut Mutters Schürze
und sie mischt schon die Gewürze.

6. Peter rollt den Teig ganz stolz
mit dem runden Nudelholz.

7. Inge sticht die Formen aus,
Herzen, Sterne werden draus.

8. Wenn sie auf den Blechen liegen,
heißt es in den Ofen schieben!

9. So, nun woll'n wir Ordnung machen
von den vielen Backesachen.

10. Oh, es riecht gut, oh, es riecht fein!
Die Plätzchen werden fertig sein,
Weihnachtskringel braun und rund –
eins zum Kosten in den Mund.
Oh, es riecht gut, oh, es riecht fein.

Bäckermeister Fröhlichs Himmlische Zimtsterne

Das wird gebraucht:
3 Eiweiß
250 Gramm Puderzucker
1 Teelöffel Zimt
350–400 Gramm gemahlene Mandeln

So wird's gemacht:
Das Eiweiß ganz steif schlagen. Den Puderzucker langsam einrieseln lassen, dabei weiterschlagen.

Drei Esslöffel des Eischnees beiseite stellen. Sie werden später zum Bestreichen der Sterne gebraucht.

Den Zimt mit den gemahlenen Mandeln mischen. So viele gemahlene Mandeln unter den Eischnee mischen, bis der Teig nicht mehr klebt. Den Teig halbieren. Jede Hälfte in einen großen Gefrierbeutel geben und eine Stunde in den Kühlschrank legen.

Den Teig in den Beuteln ausrollen, die Beutel aufschneiden und Sterne ausstechen. Die Sterne auf ein mit Backpapier ausgelegtes Backblech legen. Mit dem restlichen Eischnee bepinseln.

Im vorgeheizten Elektroherd bei 125 Grad / Umluft 100 Grad etwa 15 Minuten backen. Die Temperatur auf 80 Grad / Umluft 50 Grad zurückstellen und 20 Minuten weiterbacken. Backzeit im Gasherd: etwa 40 Minuten bei Stufe 1.

Tipp:
*Die Ausstechförmchen erst in etwas Mehl drücken.
So bleiben sie nicht am Teig kleben.*

Übrigens …
Zimt kommt vom Zimtbaum. Seine Rinde wird geschält und gerollt. Die getrockneten Zimtstangen sind glatt, dünn und sehr zerbrechlich. Zimt wird auch zu Pulver gemahlen. So lässt er sich gut mit Zucker mischen.

Weihnachtsgewürze
Zimtsterne, Aniskekse, Vanillegebäck, Pfeffernüsse, Lebkuchen mit Kardamom, Gewürznelken und Zimt …
In der Weihnachtsbäckerei braucht man viele Gewürze. Sie kommen von weit her zu uns, aus Asien, Afrika und Amerika.

Weihnachtsduft

Die Weihnachtszeit ist die Zeit der Düfte und der leckeren Gerüche. Gerade in der dunklen Jahreszeit, wenn unsere Augen schnell müde werden, gibt es für die Nase viel zu schnuppern: frische Tannenzweige, brennende Kerzen, Orangen und Äpfel, ofenwarme Plätzchen und viele Gewürze.

Orangen-Pomander

Eine Orange rundherum mit Gewürznelken bespicken und anschließend in Zimtpulver wälzen. Zum Aufhängen mit einem Geschenkband versehen.

Weihnachts-Potpourri

Als Potpourri bezeichnet man ein kunterbuntes Allerlei. Für ein weihnachtliches Potpourri schüttet man eine Adventsteemischung in eine flache Schale. Je nach Geschmack verteilt man darauf frische Gewürze wie Zimtstangen, Muskatnüsse, Gewürznelken, Anissterne, Ingwerwurzel, Vanilleschote, getrocknete Rosenblätter und etwas Goldglitter. In der Mitte kann man einen Orangen-Pomander platzieren.

Stern-Girlanden

Aus frischer Orangenschale kleine Sterne ausstechen und auf einen Metalldraht fädeln. Mit den Stern-Girlanden Kerzen oder Kränze umwickeln.

Übrigens ...

Orangeat wird aus der Schale von bitteren Orangen hergestellt, den Pomeranzen.

Gewürz-Karawane

Früher brachten Kamelkarawanen die Gewürze von weit her zu uns. Deshalb waren Gewürze sehr kostbar und teuer. Wer mit Pfeffer und anderen Gewürzen handelte, war ein gemachter Mann. Deshalb wurde er von den anderen auch neidisch »Pfeffersack« genannt.

Für eine Kamelkarawane wird gebraucht:
Kartoffeln oder Kastanien (Körper der Kamele), Erdnüsse (Kopf + Hals), Streichhölzer (Beine) und Stecknadeln für die Augen und zum Befestigen. Belade die Kamele mit Gewürzen. Du kannst sie mit Metalldraht oder Bast festbinden oder in kleine Stoffsäckchen verpacken.

Übrigens ...

In Pfefferkuchen ist gar kein Pfeffer. Für Pfefferkuchen und Lebkuchen nimmt man heute meist Lebkuchengewürz.
Es ist eine Mischung aus neun Gewürzen: Zimt, Piment, Anis, Sternanis, Vanille, Nelken, Kardamom, Muskatnuss und Muskatblüte.

Kekse backen

Text: Bernd Kohlhepp
Melodie: Jürgen Treyz

Kek - se ba - cken, Kek - se ba - cken,
Teig an - mi - schen, Teig an - pa - cken,
Teig aus - wel - len, Zu - cker sie - ben
und dann in den O - fen schie - ben.

Al - le Kin - der aus den Ja - cken,
Ei - er, But - ter Mehl und Zimt,
denn jetzt geht's ans Kek - se ba - cken.
schaut, dass das Ver - hält - nis stimmt!

In der Himmelsbäckerei

Paul backte mit seiner Mutter
Weihnachtsplätzchen.
»Schau mal, Paul, die Engel
backen auch gerade«,
sagte die Mutter und deutete zum Himmel.
»Woher willst du das wissen?«, fragte Paul.
»Na weil der Himmel so schön rot leuchtet«, antwortete die Mutter.
»Dann sagt man: Jetzt backen die Engel Plätzchen.«
»Das verstehe ich nicht!« Paul war mit der Erklärung nicht zufrieden.
»Was hat der rote Himmel mit dem Backen zu tun?«
»Tja, so genau weiß ich das auch nicht …«, sagte die Mutter und
zuckte mit den Schultern, »das sagt man eben so.«

Abends im Bett fielen Paul wieder die Engel und der rote Himmel
ein. »Wer könnte denn wissen, ob die Engel backen, wenn der Himmel leuchtet?«, fragte Paul seine Mutter.
»Natürlich ein Engel«, sagte die und lächelte. »Mit etwas Glück findest du einen in deinen Träumen. Vielleicht auf einem dicken, weichen Wolkenkissen. Also, schlaf gut und träume schön!« Die Mutter
küsste Paul auf die Stirn und machte das Licht aus.
Mittlerweile hatte die Dunkelheit die Reste des Abendrots verschluckt. Nur hoch oben am Himmel leuchteten noch kleine Wolkenkissen. Ob in einem darin ein kleiner Bäckerengel schlief?

Im Traum machte sich Paul auf die Suche von Wolke zu Wolke. Er
schaute ganz genau. Tatsächlich, da auf dem kleinen Wolkenkissen,
da lag ein kleiner Engel. Mit seinem weißen Hemdchen und den Silberlocken war er im hellen Kissen kaum zu erkennen.

»Hallo, Engelchen, ich muss dich etwas fragen!«, flüsterte Paul ganz leise.

»Mmh«, machte der kleine Engel und rührte sich nicht.

»Engelchen, bitte, so wach doch auf!«, flüsterte Paul etwas lauter.

»Mmmmh«, machte der Engel und bewegte sich immer noch nicht.

»Bitte, Engelchen, es ist ganz wichtig!«, flüsterte Paul und zupfte am Wolkenkissen. Der kleine Engel streckte sich ein bisschen. Dann setzte er sich auf, rieb sich die müden Augen und schaute Paul an.

»Engelchen, warum färbt sich der Himmel rot, wenn ihr Plätzchen backt?«, wollte Paul wissen.

»Das macht das Feuer«, antwortete der Engel.

»Das Feuer? Habt ihr denn einen Ofen?«, fragte Paul verwundert.

Der kleine Engel erklärte: »Die Kamin-Engel schleppen das Holz herbei. Sie schichten es im Kamin auf und heizen den Ofen an. Sonst können wir ja nicht backen. Der Schein des Feuers spiegelt sich am Himmel wider und ihr Menschen könnt ihn von der Erde aus sehen.«

»So ist das also«, sagte Paul nachdenklich.

»Backt ihr auf der Erde denn keine Plätzchen mehr?«, fragte der Engel erstaunt.

»Doch, aber wir heizen den Backofen nicht mehr mit Holz, sondern mit Strom oder Gas. Da gibt es kein Feuer mehr«, sagte Paul.

»Wie schade! Macht das Backen da überhaupt noch Spaß?«, wollte der kleine Engel wissen.

»Ja sicher, Backen macht immer Spaß!«, meinte Paul. »Aber eine Frage habe ich noch. Warum leuchtet der Himmel nur abends rot? Backt ihr tagsüber nicht?«

Geduldig erzählte der Engel: »Solange es hell ist, bereiten wir alles fürs Backen vor. Die Helfer-Engel schleppen Säcke voll Mehl, Zucker, Rosinen, Mandeln oder Nüssen herbei. Und natürlich Eier, von den himmlischen Hühnern. Und Milch und Butter von den himmlischen

Kühen. Und Gewürze, ganz viele verschiedene Gewürze. Ach, wie die duften!«

»Aah!« Für einen Moment konnte Paul den Duft der Gewürze riechen.

Der kleine Engel berichtete weiter: »Und dann wird gerührt und geknetet: Rührteig, Knetteig, Spritzteig, Brandteig, Hefeteig und Blätterteig.«

»Wofür braucht ihr so viele Teigsorten?«, fragte Paul erstaunt.

»Ja, wir haben schließlich über 500 Plätzchen-Rezepte«, sagte der Engel stolz.

»500 verschiedene Plätzchen?« Das konnte sich Paul kaum vorstellen.

Der kleine Engel nickte: »Aber erst einmal muss der Plätzchen-Teig ruhen.«

»Und da macht ihr Pause«, fragte Paul.

»Nein, dann hacken wir Nüsse für Krokant, schmelzen Glasuren, rühren Cremes und bereiten alles für die Verzierung der Plätzchen vor«, erklärte der Engel. »Das Rezept ist wichtig für den Geschmack der Plätzchen. Beim Backen entfaltet sich ihr köstlicher Duft. Aber erst durch die Verzierung werden sie so richtig schön. Stell dir vor, so ein kleiner süßer Nikolausstiefel ohne roten Guss und Zuckerstreusel. Der schmeckt doch nicht so gut.«

»Da hast du Recht. Die schönsten Plätzchen sind immer zuerst weg«, stimmte Paul zu. »Aber sag mal, wie wird der Guss so schön rot?«

»Wir rühren Kirschsaft in den Puderzucker oder Johannisbeersaft oder Himbeersaft, je nachdem, welches Rot wir brauchen«, erklärte der kleine Engel.

»Danke für den Tipp!«, sagte Paul. »Das werde ich morgen gleich ausprobieren.«

Der Engel gähnte und erzählte weiter: »Tja, so sind wir den ganzen Tag beschäftigt. Wenn der Teig lange genug geruht hat, stechen wir

Formen aus, spritzen Kringel, rollen Kugeln und so fort. Wir füllen die Bleche, solange es noch hell ist. In der Dämmerung werden die Öfen bereits angeheizt. Du weißt schon, das machen die Kaminengel.«
»Und nachts wird dann gebacken?«, fragte Paul.
»Ja, manchmal sogar bis zum frühen Morgen«, antwortete der kleine Engel.
»Und dann färbt sich der Himmel auch am Morgen rot«, sagte Paul und musste lachen.
»So ist es«, bestätigte der Engel. »Morgens verzieren wir dann die frisch gebackenen Plätzchen. Und andere Bäckerengel fangen schon wieder mit den Vorbereitungen fürs nächste Backen an.«
»So ist das also!« Paul war zufrieden. »Jetzt weiß ich alles, was ich wissen wollte.«
Der kleine Engel rieb sich die Augen: »Das ist gut. Ich bin nämlich sehr müde und muss weiterschlafen.«
»Natürlich, Engelchen. Vielen Dank! Träum was Schönes!«
Aber da hatte sich der Engel schon wieder in sein Wolkenkissen gekuschelt und war bereits eingeschlafen.
Mit seinem weißen Hemdchen und den Silberlöckchen war er im hellen Kissen kaum zu erkennen.

»Himbeersaft«, murmelte Paul im Schlaf.
»Paul, träumst du? Wach endlich auf, du musst zur Schule.« Die Mutter rüttelte Paul sanft an der Schulter.
Paul schlug die Augen auf: »Mama, haben wir Himbeersaft?«
»Nein, Paul, nur Kirschsaft«, antwortete die Mutter.
»Prima!«, freute sich Paul, »dann backen wir heute Nikolausstiefel.«
»Nikolausstiefel, wie kommst du denn darauf?«, fragte die Mutter verwundert.
»Geheimnis«, lachte Paul und gab seiner Mutter einen Kuss.

Es hat sich halt eröffnet

Text und Melodie: aus Tirol

1. Es hat sich halt er - öff - net das himm - li - sche Tor,
die En - ge - lan, die kug - lan ganz haufnweis her - vor:
die En - ge - lan, die Ga - ge - lan, die machen Pur - zi -
ba - me - lan, bald au - fi, bald a - bi, bald hin und bald
her, bald un - ter - schi, bald ü - ber - schi, dös
gfreut sie um - so mehr. Al - le - lu - ja, al -
le - lu - ja, al - le - lu - ja, al - le - lu - ja!

Vom Christkind

Denkt euch, ich habe das Christkind gesehen!
Es kam aus dem Walde, das Mützchen voll Schnee,
mit rot gefrorenem Näschen.
Die kleinen Hände taten ihm weh,
denn es trug einen Sack, der war gar schwer,
schleppte und polterte hinter ihm her.
Was drin war, möchtet ihr wissen?
Ihr Naseweise, ihr Schelmenpack –
denkt ihr, er wäre offen, der Sack?
Zug'bunden bis oben hin!
Doch war gewiss etwas Schönes drin!
Es roch so nach Äpfeln und Nüssen!

Anna Ritter

Engelsaugen

Das wird gebraucht:
300 Gramm Mehl
100 Gramm Zucker
1 Prise Salz
abgeriebene Zitronenschale
2 Eigelb
200 Gramm kalte Butter
Himbeer- oder Johannisbeergelee

So wird's gemacht:
Mehl, Zucker, Salz und Zitronenschale mischen. Die kalte Butter in kleine Stücke schneiden. Die Butterstückchen und die Eigelbe zum Mehl geben und zu einem Teig verkneten.

Teig 1 Stunde in den Kühlschrank legen.

Aus dem gekühlten Teig kirschgroße Kugeln rollen. Mit einem Kochlöffelstiel in jede Kugel eine kleine Vertiefung drücken. Mit etwas Gelee füllen.

Backzeit: etwa 10 Minuten
Temperatur: 175 Grad / Umluft 160 Grad

Nach dem Backen die Engelsaugen mit Puderzucker bestäuben.

Bunte Engelsküsse

Das wird gebraucht:
3 Eiweiß
200 Gramm Puderzucker
1 Esslöffel gemahlene Mandeln

Außerdem:
Fruchtsaft oder Speisefarbe
bunte Zuckerstreusel

So wird's gemacht:
Eiweiß sehr steif schlagen. Puderzucker einrieseln lassen. Weiterschlagen, bis die Masse seidig glänzt. Zum Schluss die gemahlenen Mandeln vorsichtig unterheben.

Eventuell die Masse teilen und mit ein paar Tropfen Speisefarbe oder Fruchtsaft verschiedenfarbig einfärben.

Mit zwei Teelöffeln kleine Häufchen auf ein mit Backpapier ausgelegtes Backblech setzen. Die Engelsküsse können vor dem Backen auch noch mit bunten Zuckerstreuseln bestreut werden.

Den Backofen auf 120 Grad / Umluft 100 Grad vorheizen und die Engelsküsse etwa 1 bis $1^{1}/_{2}$ Stunden backen, bis sie außen knusprig und innen noch weich sind.

Übrigens ...
»Einfach himmlisch!«, sagt man, wenn etwas besonders zart und köstlich schmeckt. Deshalb heißt dieses Gebäck auch Baiser.
Baiser ist französisch und bedeutet Kuss.

Himmlische Weihnachtsgrüße

Das wird gebraucht:
Fotokarton (rot, blau und rosa)
Tortenspitze
Gold- oder Silberpapier
Filzstifte
Engelshaar, Federn oder Watte
Geschenkband
Schere
Klebstoff

So wird's gemacht:
Aus dem Fotokarton Karten ausschneiden, etwa 21 × 15 Zentimeter groß (A5).

Für die blaue Karte:

Die Karte in Längsrichtung in der Mitte falzen. An den markierten Punkten Löcher stechen.

Einen Engel ausschneiden und aufkleben. Aus Goldpapier eine Ziehharmonika falten und aufkleben.

Durch die beiden Löcher ein schmales Geschenkband ziehen und die Karte damit verschließen.

Für die rote Karte:
Den Karton an den gestrichelten Linien falzen und zusammenklappen. Anschließend wieder auseinander klappen.

Kopf, Hände und Beine des Engels aus rosa Fotokarton ausschneiden. Das Kleid aus Tortenspitze zuschneiden. Alle Teile zusammenkleben und auf das Mittelteil der Karte aufkleben.

Aus Gold- oder Silberpapier einen Stern und Schuhe ausschneiden und aufkleben. Dem Engel ein Gesicht aufmalen und Haare ankleben. Die Klappkarte zusammenfalten.

Nicht vergessen:
Weihnachtsgrüße dazuschreiben!

Ein Zwerglein ging zur Weihnachtszeit

Text: Bernd Kohlhepp
Melodie: Jürgen Treyz

1. Ein Zwerglein ging zur Weihnachtszeit nur so aus Freude unter Leut', und weil es nicht gern Hunger litt, nahm es Proviant zum Essen mit: etwas Brot und etwas Käse und ein Tröpfchen Majonäse.

2. Doch kaum trat er aus seinem Haus,
schon rief man laut: »Der Nikolaus
hat heut ein grünes Jäckchen an.«
Na, dachte man, der Weihnachtsmann
ist eben rote Sachen leid,
verbohrt, wer so was nicht verzeiht.

3. »Auch ist er heute reichlich klein,
   desgleichen auch sein Säckelein!«
   »Er ist drum Weihnachtsmann nicht minder,
   ist eh ein Weihnachtsmann für Kinder.
   Man sieht es ja an seinem Bart,
   man sieht, er ist auf großer Fahrt!«

4. Der Zwerg mit stolzesroten Wangen
   hat sein Werk gleich angefangen.
   Ohne drüber nachzudenken
   begann er's Käsebrot zu verschenken.
   So wird bisweilen Weihnachtsmann,
   wer nur sein Brot verschenken kann.

Wichteln

So geht's: Alle Kinder einer Gruppe melden sich beim Oberwichtel oder der Wichtelkönigin. Diese legen das Wichtelgeschenk fest. Das heißt, sie bestimmen den Preis des Geschenkes oder das Thema der Bastelei. Die einzelnen Wichtel – die zu beschenkenden Kinder – werden durch Los zugeteilt. Sobald jedem Kind sein Wichtel bekannt ist, besorgt es ein passendes Geschenk oder bastelt es.

Zum Schluss: Verpacken und mit dem Namen des Wichtels beschriften.

Die Weihnachtsmaus

Die Weihnachtsmaus ist sonderbar, sogar für die Gelehrten.
Denn einmal nur im ganzen Jahr entdeckt man ihre Fährten.

Mit Fallen oder Rattengift kann man die Maus nicht fangen.
Sie ist, was diesen Punkt betrifft, noch nie ins Garn gegangen.

Das ganze Jahr macht diese Maus den Menschen keine Plage.
Doch plötzlich aus dem Loch heraus kriecht sie am Weihnachtstage.

Zum Beispiel war vom Festgebäck, das Mutter gut verborgen,
Mit einem Mal das Beste weg am ersten Weihnachtsmorgen.

Da sagte jeder rundheraus: Ich hab es nicht genommen!
Es war bestimmt die Weihnachtsmaus, die über Nacht gekommen!

Ein andres Mal verschwand sogar das Marzipan vom Peter;
Was seltsam und erstaunlich war. Denn niemand fand es später.

Der Christian rief rundheraus: Ich hab es nicht genommen!
Es war bestimmt die Weihnachtsmaus, die über Nacht gekommen!

Ein drittes Mal verschwand vom Baum, an dem die Kugeln hingen,
Ein Weihnachtsmann aus Eierschaum nebst andren leck'ren Dingen.

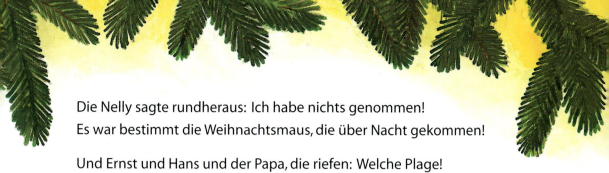

Die Nelly sagte rundheraus: Ich habe nichts genommen!
Es war bestimmt die Weihnachtsmaus, die über Nacht gekommen!

Und Ernst und Hans und der Papa, die riefen: Welche Plage!
Die böse Maus ist wieder da, und just am Feiertage!

Nur Mutter sprach kein Klagewort. Sie sagte unumwunden:
Sind erst die Süßigkeiten fort, ist auch die Maus verschwunden!

Und wirklich wahr: Die Maus blieb weg, sobald der Baum geleert war,
Sobald das letzte Festgebäck gegessen und verzehrt war.

Sagt jemand nun, bei ihm zu Haus – bei Fränzchen oder Lieschen –,
Da gäb es keine Weihnachtsmaus, denn zweifle ich ein bisschen!

Doch sag ich nichts, was jemand kränkt! Das könnte euch so passen!
Was man von Weihnachtsmäusen denkt, bleibt jedem überlassen!

James Krüss

Reime für den Nikolaus

Lieber guter Nikolaus,
bring den kleinen Kindern was.
Lass die Großen laufen,
die können sich was kaufen.

    Lieber guter Weihnachtsmann,
    schenk mir einen Kuchenmann,
    nicht zu groß und nicht zu klein,
    ich will auch immer artig sein.

Oh du guter Nikolaus,
komm doch auch in unser Haus.
Komm im hellen Mondenschein,
wirf mir Nüss' und Äpfel rein.

    Lieber guter Weihnachtsmann,
    sieh mich nicht so böse an.
    Stecke deine Rute ein,
    ich will auch immer artig sein.

Lieber guter Nikolaus,
leer die Weihnachtssäcke aus.
Stell den Esel an den Mist,
dass er Heu und Hafer frisst.
Heu und Hafer frisst er nicht,
Zuckerbrezeln kriegt er nicht.

Heute kommt der Nikolaus,
heimlich schleiche ich durchs Haus.
Will nach meinen Stiefeln sehn,
die vor meiner Türe stehn.
Ach, noch sind die Stiefel leer!
Kommt der Nikolaus nicht mehr?

Ins Fenstereck im Mondenschein
Stelle ich den Schuh hinein.
Nikolaus, vergiss ihn nicht!
Tu hinein, was ich so mag:
Nüsse, Äpfel, süßen Kram,
dass ich mich dran freuen kann!

Lasst uns froh und munter sein

Text und Melodie:
aus dem Hunsrück und dem Rheinland

1. Lasst uns froh und munter sein und uns recht von Herzen freun!
   Lustig, lustig, traleralera! Bald ist Nikolausabend da, bald ist Nikolausabend da!

2. Dann stell ich den Teller auf, Nik'laus legt gewiss was drauf.
   Lustig, lustig, traleralera! Bald ist Nikolausabend da, bald ist Nikolausabend da!

3. Wenn ich schlaf, dann träume ich, jetzt bringt Nik'laus was für mich.
   Lustig, lustig, traleralera! Bald ist Nikolausabend da, bald ist Nikolausabend da!

4. Wenn ich aufgestanden bin, lauf ich schnell zum Teller hin.
   Lustig, lustig, traleralera! Bald ist Nikolausabend da, bald ist Nikolausabend da!

5. Nik'laus ist ein guter Mann, dem man nicht genug danken kann.
   Lustig, lustig, traleralera! Bald ist Nikolausabend da, bald ist Nikolausabend da!

Bald nun ist Weihnachtszeit

Text: Karola Wilke
Melodie: Wolfgang Stumme

1. Bald nun ist Weihnachtszeit, fröhliche Zeit;
nun ist der Weihnachtsmann gar nimmer weit,
nun ist der Weihnachtsmann gar nimmer weit!

2. Horch nur, der Alte klopft draußen am Tor!
Mit seinem Schimmelchen steht er davor,
mit seinem Schimmelchen steht er davor.

3. Streust du dem Schimmelchen Heu vor das Haus,
packt gleich der Ruprecht den großen Sack aus,
packt gleich der Ruprecht den großen Sack aus.

4. Pfeffernüss', Mandelkern, Kuchen, Korinth:
alles das bringt er dem artigen Kind,
alles das bringt er dem artigen Kind.

Basteln mit Nüssen

Erdnuss-Wichtel

Das wird gebraucht:
Erdnüsse mit der Schale
Rote Bastelfarbe
Filzstifte
Watte
Klebstoff
Faden und Nadel

So wird's gemacht:
Die Erdnüsse mit der roten Farbe bemalen, nur das Gesicht frei lassen.
Mit Filzstiften Augen und eine rote Nase aufmalen.

Kleine Stückchen Watte zu Bärten zurechtzupfen und den Wichteln ankleben.

Faden in etwa 15 cm lange Stücke schneiden.
Mit einer Nadel die Fadenstücke durch die Mützen ziehen. Die Fadenenden verknoten.

Die Erdnuss-Wichtel schaukeln an Zweigen oder baumeln am Fenster.

Apfel-Nikolaus

Das wird gebraucht:
große rote Äpfel
Walnüsse
Zahnstocher
Watte
Klebstoff
Filzstifte
Krepppapier oder Filz
Schere

So wird's gemacht:
Die Walnuss mit einem Zahnstocher auf den Apfel stecken.
Mit Filzstiften Gesicht aufmalen und Wattebart ankleben.
Aus rotem Krepppapier oder Filz Mütze und Mantel
ausschneiden und ankleben.

Apfel-Nikolaus als Kerzenhalter:
Ein Stück Draht durch den Apfel stecken.
Die beiden Drahtenden spiralförmig drehen.
Kleine Kerzen (z. B. Geburtstagskuchen-
kerzen) hineinstecken.

Überraschungsnüsse
Walnuss vorsichtig knacken, sodass die beiden Hälften ganz bleiben. Das Essbare herausnehmen. In die leere Nuss ein klitzekleines
Geschenk oder einen Wunsch legen. Die Nusshälften zusammenkleben und mit Goldfarbe bemalen.

Die Geschichte vom beschenkten Nikolaus

Einmal kam der heilige Nikolaus am 6. Dezember zum kleinen Klaus. Er fragte ihn: »Bist du im letzten Jahr auch brav gewesen?«
Klaus antwortete: »Ja, fast immer.«
Der Nikolaus fragte: »Kannst du mir auch ein schönes Gedicht aufsagen?«

> »Lieber, guter Nikolaus,
> du bist jetzt bei mir zu Haus,
> bitte leer die Taschen aus,
> dann lass ich dich wieder raus.«

Der Nikolaus sagte: »Das hast du schön gemacht.« Er schenkte dem Klaus Äpfel, Nüsse, Mandarinen und Plätzchen.
»Danke«, sagte Klaus.
»Auf Wiedersehen«, sagte der Nikolaus. Er drehte sich um und wollte gehen.
»Halt«, rief Klaus.
Der Nikolaus schaute sich erstaunt um: »Was ist?«, fragte er.
Da sagte Klaus: »Und was ist mit dir? Warst du im letzten Jahr auch brav?«
»So ziemlich«, antwortete der Nikolaus.
Da fragte Klaus: »Kannst du mir auch ein schönes Gedicht aufsagen?«
»Ja«, sagte der Nikolaus.

> »Liebes, gutes, braves Kind,
> draußen geht ein kalter Wind,
> koch mir einen Tee geschwind,
> dass ich gut nach Hause find.«

»Wird gemacht«, sagte Klaus. Er kochte dem Nikolaus einen heißen Tee.

Der Nikolaus schlürfte ihn und aß dazu Plätzchen. Da wurde ihm schön warm. Als er fertig war, stand er auf und ging zur Türe.

»Danke für den Tee«, sagte er freundlich.

»Bitte, gerne geschehen«, sagte Klaus. »Und komm auch nächstes Jahr vorbei, dann beschenken wir uns wieder.«

»Natürlich, kleiner Nikolaus«, sagte der große Nikolaus und ging hinaus in die kalte Nacht.

Alfons Schweiggert

Wir wünschen euch frohe Weihnacht

Text und Melodie: aus England

1. Wir wün-schen euch fro-he Weih-nacht, wir wün-schen euch fro-he Weih-nacht, wir wün-schen euch fro-he Weih-nacht und ein glück-lich' Neu-jahr! 1.–3. Viel Se-gen für euch und die, die ihr liebt! Wir wün-schen euch fro-he Weih-nacht und ein glück-lich' Neu-jahr!

2. We wish you a Merry Christmas,
   we wish you a Merry Christmas,
   we wish you a Merry Christmas,
   and a happy New Year!
   Good tidings we bring to you and your kin.
   We wish you a Merry Christmas and a happy New Year.

Wunschengel

Das wird gebraucht:
leere Toilettenpapier-Rollen
Farben, Pinsel, Kleber
Metalldraht und Zange

So wird's gemacht:
Auf die oberen Teile der Rollen Gesichter aufmalen.

Die unteren Teile mit buntem Papier und Glitzerkram bekleben.

Flügel aus Federn, Stoff oder Goldfolie
auf die Rücken der Engel kleben oder festtackern.

Aus Goldfolie Sterne ausschneiden und
auf die obere Öffnung kleben.

Zum Aufhängen:
Zwei Löcher in jede Rolle stechen.
Mit der Zange Drahtstücke so zurechtbiegen:
Die Drahtenden in die Löcher stecken.

Bei diesen Engeln sind Wünsche gut aufgehoben. Die Wünsche aufschreiben und in die Engel stecken. Wunschengel an die Menschen verschenken, von denen man sich etwas Besonderes wünscht.

Stille Nacht, heilige Nacht

Text: Josef Mohr
Melodie: Franz Gruber

1. Stil - le Nacht, hei - li - ge Nacht! Al - les schläft,
ein - sam wacht nur das trau - te hoch - hei - li - ge Paar.
Hol - der Kna - be im lo - cki - gen Haar, schlaf in himm - li - scher
Ruh,___ schlaf in himm - li - scher Ruh.___

2. Stille Nacht, heilige Nacht!
Hirten erst kundgemacht;
durch der Engel Halleluja
tönt es laut von fern und nah:
Christ, der Retter ist da,
Christ, der Retter ist da.

3. Stille Nacht, heilige Nacht!
Gottes Sohn, oh wie lacht
Lieb aus deinem göttlichen Mund,
da uns schlägt die rettende Stund,
Christ, in deiner Geburt,
Christ, in deiner Geburt.

Der blank geputzte Weihnachtsstern

Am Himmelszelt, gut versteckt hinter einer großen, dicken, watteweichen Wolke lebte eine kleine Schar fröhlicher und sehr fleißiger kleiner Engel. Jedes Jahr freuten sie sich ganz besonders auf die Weihnachtszeit, denn dann hatten sie eine ganz besonders wichtige Aufgabe: Sie durften die Sterne putzen, damit der Himmel am Heiligen Abend heller erstrahlte als in allen anderen Nächten.

Besonders der Weihnachtsstern sollte festlich glänzen. Ihn zu putzen war jedoch gar nicht so einfach und dauerte länger als das Polieren der anderen Sterne, denn der Weihnachtsstern ist schließlich viel größer. Aber es machte den kleinen Engeln auch viel Spaß.

Damit es keinen Streit gab, losten sie jedes Mal aus, wer von ihnen an der Reihe sein würde, den Weihnachtsstern zu putzen. Dieses Jahr zog Angelo, der jüngste unter ihnen, das große Los. Voller Vorfreude holte er sich den allergrößten Schwamm, tauchte ihn in eine nasse Schneewolke und drückte ihn sorgfältig aus. Dann suchte er sich noch einen Tiegel mit einem winzigen Rest Goldstaub und benetzte den Schwamm damit. Schließlich machte sich Angelo gut gelaunt an seine Arbeit.

Die unterste Zacke hatte er schon fast sauber geschrubbt, als er bemerkte, dass Angus, ein etwas größerer Engel, ihn beobachtete.

»Du bist noch viel zu klein für den Weihnachtsstern, Angelo«, brummelte Angus. »Du kannst ja noch nicht mal richtig fliegen! Wetten, dass du mit deinem Schwamm nicht an die oberste Zacke herankommst?«

»Komme ich doch!«, widersprach Angelo und hüpfte so hoch er konnte. Angus hielt sich den Bauch vor Lachen! Tatsächlich reichte

Angelo kaum bis zur Mitte des Sterns, dann glitt er herunter und landete wieder auf der Wolke.

»Dann klettere ich eben hoch!«, verkündete er trotzig und begann schon den Weihnachtsstern zu erklimmen.

»Los, Angelo, du schaffst es!«, feuerten ihn einige der anderen Weihnachtsengel an. Am lautesten rief Angelina. Angelina war Angelos allerbeste Freundin.

»Das wird nie etwas«, lachten andere Engel ihn aus.

Angelo jedoch kletterte tapfer weiter. Am schwierigsten war das letzte Stück, er zappelte und schwankte, beinahe verlor er den Halt, doch schließlich hatte er es geschafft. Stolz saß er auf der obersten Zacke des Weihnachtssterns und grinste verschmitzt.

»Angelo!«, hörte er plötzlich Angelina mit heller Stimme rufen. »Angelo, dein Schwamm!«

Schwamm? Angelo fuhr erschrocken zusammen. Auch das noch, sein Schwamm war ihm beim Klettern aus den Händen gerutscht! Nass wie er war, fiel der Schwamm herunter, so schnell, dass keiner von den anderen Engeln rechtzeitig herbeieilen konnte, um ihn aufzufangen. Rasch kletterte Angelo von seinem Stern herunter und suchte sich eine durchsichtige Stelle in der Wolke.

»Er fällt auf die Erde!«, stellte er fest. »Ich muss schnell hinterher und ihn zurückholen!«

»Du hast wohl vergessen, dass du noch nicht fliegen kannst«, erinnerte ihn Angus mit einem breiten Grinsen. »Bis du das gelernt hast, ist Weihnachten längst vorbei. Ich fange schon mal an deinen Stern zu putzen!« Mühelos hob er seinen Arm und wischte über die oberste Zacke des Weihnachtssterns. Er musste sich dazu nicht einmal auf die Zehenspitzen stellen! Angelos Augen füllten sich mit Tränen.

»Lass das, Angus«, bestimmte Angelina, packte den Angeber am Arm und hielt ihn energisch zurück. Dann legte sie tröstend ihren

Arm um den allerkleinsten Engel. »Wein doch nicht, Angelo«, sagte sie. »Komm, gib mir deine Hand, dann fliegen wir zusammen hinunter zur Erde und holen deinen Schwamm zurück!«

Das ließ sich Angelo nicht zweimal sagen. Schnell trocknete er seine Tränen und packte Angelinas Hand, so fest er konnte. Im nächsten Augenblick breiteten die beiden kleinen Engel ihre Flügel aus und flogen los. Angus wendete sich indessen zähneknirschend seinem eigenen Stern zu.

Auf der Erde angekommen, suchten Angelo und Angelina fieberhaft nach dem Schwamm. Sie suchten in einem Nikolausstiefel, hinter den geschmückten Buden auf dem Weihnachtsmarkt, unter dem Hut eines Schneemanns. Angelos Schwamm jedoch blieb verschwunden.

»Irgendwo muss er sich doch versteckt haben!«, jammerte der kleine Engel und trat zornig mit dem Fuß in einen kleinen glitzernden Schneehaufen. Aber was war das? Der Schnee glitzerte an dieser Stelle nicht weiß und silbrig wie sonst, sondern golden!

»Das muss von meinem Schwamm kommen!«, jubelte Angelo. »Ich hatte ihn doch extra noch in etwas Goldstaub getaucht, damit der Weihnachtsstern nachher besonders schön glänzt! Also muss er hier ganz in der Nähe sein!«

»Er hat eine Spur gezogen.« Angelina zeigte Angelo einen feinen goldenen Streifen, der sich bis zu einem kleinen Haus zog.

Eilig breitete sie ihre Flügel aus und erhob sich sanft ein Stück in die Luft. Angelo beobachtete seine Freundin ganz genau und versuchte es ihr gleichzutun. Anfangs schlingerte er noch ein wenig und blieb vorsichtshalber dicht über dem Boden, doch kurz darauf fühlte er sich sicherer. Unbemerkt schwebten die beiden Engel durch ein offenes Fenster. Neugierig blickten sie sich um. Auf dem Fußboden lagen überall Spielsachen verstreut und an der Wand stand ein

Bett, in dem ein kleiner Junge tief und fest schlief. Im Arm hielt er einen Teddybären und der war mit einer kleinen Extradecke zugedeckt, die selbst in der Dunkelheit golden glitzerte. Angelo sprang hin und wollte danach greifen, denn diese Decke war tatsächlich nichts anderes als sein Schwamm, der in der Wärme des Zimmers längst getrocknet war. Doch Angelina hielt ihn zurück.

»Nicht so hastig, sonst wacht der Junge auf«, flüsterte sie. »Außerdem müssen wir erst eine andere Decke für den Teddy finden, damit er morgen früh nicht traurig ist!«

Angelina hob ein kuschelweiches Tuch vom Boden auf, das sich wunderbar als Teddydecke eignete. Angelo versuchte nach dem Schwamm zu greifen, doch immer wieder legte das schlafende Kind genau im selben Augenblick seine Hand auf den Teddy und hielt ihn fest. Endlich jedoch drehte es sich zur Seite. So leise er konnte, nahm Angelo seinen Schwamm auf und gab den letzten Rest Goldstaub, der noch daran haftete, auf das Tuch, damit es ebenso herrlich glitzerte wie der Schwamm. Angelina deckte den Teddy wieder zu und kurz darauf waren die beiden kleinen Weihnachtsengel so heimlich wieder verschwunden, wie sie gekommen waren.

»Jetzt aber los«, drängelte Angelo, als sie endlich mitsamt dem Schwamm wieder draußen waren, und zeigte nach oben zum Himmel. »Ein paar von unsern Sternen leuchten schon, bald ist Weihnachten! Schnell flogen sie wieder zurück zu ihrer Wolke.

Die anderen Engel legten gerade ihre Lappen zusammen und ihre Schwämme weg, als Angelo und Angelina etwas erschöpft zurückkehrten. Alle Sterne leuchteten blitzblank. Nur der Weihnachtsstern sah immer noch staubig und trübe aus.

»Da seid ihr ja endlich!«, riefen die Engel ihnen entgegen. »Wir dachten schon, dieses Jahr müsste der Heilige Abend ohne den Weihnachtsstern stattfinden!«

»Wir können doch meinen Stern dafür nehmen«, schlug Angus vor, trat aus der Schar der kleinen Engel und deutete auf den Stern, den er geputzt hatte. »Seht nur, wie schön hell er strahlt! Ich finde, er ist der schönste von allen.«

»Er ist nicht groß genug«, meinte Angelo, flog hoch bis zur obersten Zacke und begann, sie sorgfältig vom Staub des vergangenen Jahres zu befreien.

Angus starrte ihn an. »Du kannst ja fliegen«, stellte er verblüfft fest.

»Stimmt!«, lachte Angelo. »Das habe ich ganz nebenbei gelernt, als wir auf der Erde nach dem Schwamm gesucht haben. Aber dafür bin ich jetzt auch ganz schön außer Puste von der langen Reise.«

»Kein Wunder«, brummte Angus. »Das hätte ich dir gar nicht zugetraut.«

»Ich weiß«, antwortete Angelo. »Aber könntet ihr mir nicht vielleicht alle helfen, den Weihnachtsstern zu putzen? Ich fürchte, allein schaffe ich es nicht mehr rechtzeitig!«

»Au ja!«, schrieen die Engel im Chor, holten flugs ihre Schwämme und Lappen wieder hervor und machten sich noch einmal an die Arbeit. Plötzlich fiel Angus etwas ein. Er trat einen Schritt zurück und schob den kleinsten Engel nach vorn.

»Putz du den Schweif, Angelo«, sagte er großmütig. »Er ist schließlich das Wichtigste am Weihnachtsstern!«

Schaut doch einmal zum Himmel, wenn ihr am Heiligen Abend spazieren geht. Ihr müsst nur nach dem allerhellsten Stern suchen. Habt ihr ihn entdeckt? Dann wisst ihr jetzt auch, warum er in diesem Jahr besonders schön glänzt.

Christine Fehér

Salzteig-Sterne

Salzteig
1 Tasse Salz
1 Tasse Mehl
1/2 Tasse Wasser

So wird's gemacht:
Die Zutaten zu einem festen Teig verkneten.
Den Teig mit einem Nudelholz flach rollen.
Mit Ausstechförmchen Sterne ausstechen.
Die Sterne gut durchtrocknen lassen.
Das dauert etwa drei Tage.
Dann können sie mit Bastelfarben bemalt werden.

Sternen-Stäbe
Einen Holzstab in den noch feuchten Stern stecken. Die bemalten Sternenstäbe können in Weihnachtsgestecke oder Blumentöpfe gesteckt werden. Nimmt man Lackfarbe zum Bemalen, dann können die Sternen-Stäbe auch draußen dekoriert werden.

Sternen-Kerzenhalter

Für Kerzenhalter sollte der Teig etwa 1,5 bis 2 cm dick ausgerollt werden. Mit dem Ende einer Kerze eine Mulde in den noch feuchten Stern drücken.

Sternen-Anhänger

Mit einem Stab (z. B. einem Schaschlik-Spieß) ein Loch in den feuchten Stern stechen. Nach dem Trocknen und Bemalen ein Stück Geschenkband als Aufhänger durchziehen und verknoten.

Stern über Bethlehem

Text und Melodie: Alfred Hans Zoller

1. Stern ü-ber Beth-le-hem, zeig uns den Weg,
führ uns zur Krip-pe hin, zeig, wo sie steht,
leuch-te du uns vo-ran, bis wir dort sind,
Stern ü-ber Beth-le-hem, führ uns zum Kind!

2. Stern über Bethlehem, bleibe nicht stehn.
   Du sollst den steilen Pfad vor uns her gehn!
   Führ uns zum Stall und zu Esel und Rind,
   Stern über Bethlehem, führ uns zum Kind!

3. Stern über Bethlehem, nun bleibst du stehn
   und lässt uns alle das Wunder hier sehn,
   das da geschehen, was niemand gedacht,
   Stern über Bethlehem, in dieser Nacht.

4. Stern über Bethlehem, wir sind am Ziel,
   denn dieser arme Stall birgt doch so viel!
   Du hast uns hergeführt, wir danken dir.
   Stern über Bethlehem, wir bleiben hier!

5. Stern über Bethlehem, kehrn wir zurück,
   steht noch dein heller Schein in unserm Blick
   und was uns froh gemacht, teilen wir aus,
   Stern über Bethlehem, schein auch zu Haus.

Eine Wintergeschichte

Es war einmal ein Mann. Er besaß ein Haus, einen Ochsen, eine Kuh, einen Esel und eine Schafherde.
Der Junge, der die Schafe hütete, besaß einen kleinen Hund, einen Rock aus Wolle, einen Hirtenstab und eine Hirtenlampe.
Auf der Erde lag Schnee. Es war kalt und der Junge fror. Auch der Rock aus Wolle schützte ihn nicht.
»Kann ich mich in deinem Haus wärmen?«, bat der Junge den Mann.
»Ich kann die Wärme nicht teilen. Das Holz ist teuer«, sagte der Mann und ließ den Jungen in der Kälte stehen.
Da sah der Junge einen großen Stern am Himmel.
›Was ist das für ein Stern?‹, dachte er.
Er nahm seinen Hirtenstab, seine Hirtenlampe und machte sich auf den Weg.
»Ohne den Jungen bleibe ich nicht hier«, sagte der kleine Hund und folgte seinen Spuren.
»Ohne den Hund bleiben wir nicht hier«, sagten die Schafe und folgte seinen Spuren.
»Ohne die Schafe bleibe ich nicht hier«, sagte der Esel und folgte ihren Spuren.
»Ohne den Esel bleibe ich nicht hier«, sagte die Kuh und folgte seinen Spuren.
»Ohne die Kuh bleibe ich nicht hier«, sagte der Ochse und folgte ihren Spuren.
›Es ist auf einmal so still‹, dachte der Mann, der hinter seinem Ofen saß. Er rief nach dem Jungen, aber er bekam keine Antwort. Er ging in den Stall, aber der Stall war leer. Er schaute in den Hof hinaus, aber die Schafe waren nicht mehr da.

»Der Junge ist geflohen und hat alle meine Tiere gestohlen«, schrie der Mann, als er im Schnee die vielen Spuren entdeckte.

Doch kaum hatte der Mann die Verfolgung aufgenommen, fing es an zu schneien. Es schneite dicke Flocken. Sie deckten die Spuren zu. Dann erhob sich ein Sturm, kroch dem Mann unter die Kleider und biss ihn in die Haut. Bald wusste er nicht mehr, wohin er sich wenden sollte. Der Mann versank immer tiefer im Schnee.

»Ich kann nicht mehr!«, stöhnte er und rief um Hilfe.

Da legte sich der Sturm. Es hörte auf zu schneien und der Mann sah einen großen Stern am Himmel.

›Was ist das für ein Stern?‹, dachte er.

Der Stern stand über einem Stall, mitten auf dem Feld. Durch ein kleines Fenster drang das Licht einer Hirtenlampe.

Der Mann ging darauf zu. Als er die Tür öffnete, fand er alle, die er gesucht hatte, die Schafe, den Esel, die Kuh, den Ochsen, den kleinen Hund und den Jungen.

Sie waren um eine Krippe versammelt. In der Krippe lag ein Kind. Es lächelte ihm entgegen, als ob es ihn erwartet hätte.

»Ich bin gerettet«, sagte der Mann und kniete neben dem Jungen vor der Krippe nieder.

Am anderen Morgen kehrten der Mann, der Junge, die Schafe, der Esel, die Kuh, der Ochse und auch der kleine Hund wieder nach Hause zurück. Auf der Erde lag Schnee. Es war kalt.

»Komm ins Haus«, sagte der Mann zu dem Jungen, »ich habe Holz genug. Wir wollen die Wärme teilen.«

Max Bolliger

Kam der Hahn nach Bethlehem ...

Text: Klaus Hoffmann
Melodie: span. Volksweise

1. Kam der Hahn nach Bethlehem, wollte auch zur Krippe hingehn, um das Jesuskind zu sehen, ihm ein kleines Lied zu krähen. Tirilari, tirili, käkerä, kikeriki.

2. Kam die Gans nach Bethlehem,
   wollte auch zur Krippe hingehn,
   um dem Kind was vorzuflattern,
   ihm ein kleines Lied zu schnattern.
   Schnibelschnabel, schnick und schnack,
   gigagoschi, gackgackgack.

3. Kam der Hund nach Bethlehem,
   wollte auch zur Krippe hingehn,
   um dem Kind sich vorzustellen,
   ihm ein kleines Lied zu bellen.
   Rudiradihu, Radau,
   wuffel, waffel, wauwauwau.

4. Kam die Katze nach Bethlehem,
   wollte auch zur Krippe hingehn,
   um das Jesuskind zu schauen,
   ihm ein kleines Lied miauen.
   Jodeline, Jodelau,
   maoimiaumiau.

5. Kam der Bär nach Bethlehem,
   wollte auch zur Krippe hingehn,
   sprach zum Kind: »Ich kann nicht summen,
   aber tiefe Töne brummen.«
   Horumharum, hierherum,
   bierumbärum, brumm, brumm, brumm.

6. Kamen die Tiere nach Bethlehem,
   wollten alle zur Krippe hingehn,
   ein Geschenk dem Kind zu bringen,
   ihre Lieder ihm zu singen.

   Tirilari, tirili, käkeräkikeriki.

   Schnibelschnabel, schnick und schnack,
   gigagoschi, gackgackgack.

   Rudiradihu, Radau,
   wuffel, waffel, wauwauwau.

   Jodeline, Jodelau, maoimiaumiau.

   Horumharum, hierherum,
   bierumbärum, brumm, brumm, brumm.

Kam der Hahn nach Bethlehem ...
Singspiel

Verkleidet euch als Tiere. Ihr könnt auch Masken aus Pappe basteln. Singt und spielt den Gang zur Krippe nach Bethlehem. Es können auch mehrere Kinder ein Tier spielen.

Alle Kinder singen das Lied. Vor jeder Strophe kündet ein anderes Instrument ein Tier an. Dann geht das Tier zur Krippe.

Zum Schluss gehen alle Kinder zur Krippe und singen die letzte Strophe. Dazu spielen alle Instrumente.

Text und Idee: Willi Braun

Hahn: mit der Triangel schlagen
Gans: Holzblocktrommel oder Blechbüchse anschlagen
Hund: Becken oder Kochdeckel anschlagen
Katze: mit Blockflöte piepsen
Bär: auf große Pauke oder Karton schlagen

Tiermasken basteln

Das wird gebraucht:
farbige Kartons
Schere
Klebstoff
Stifte
Schnur oder Hutgummi

So wird's gemacht:
Einen großen Teller auf einen Karton legen. Den Rand mit einem Stift umfahren und anschließend den Kreis ausschneiden.

Den Kreis bis zur Mitte einschneiden, wie auf dem Bild zu sehen. Die Teile übereinander schieben und festkleben.

Seitlich zwei kleine Löcher für den Hutgummi stechen. Die Schnur sollte so lang sein, dass die Maske dicht vor dem Gesicht sitzt.

Löcher für die Augen ausschneiden.
Vorne auf der Maske noch Schnauze oder Schnabel aufkleben.
Die Ohren von hinten ankleben oder festtackern.

Wisst ihr noch, wie es geschehen?

Text: Hermann Claudius
Melodie: Christian Lahusen

1. Wisst ihr noch, wie es geschehen? Immer werden wir's erzählen: wie wir einst den Stern gesehen mitten in der dunklen Nacht, mitten in der dunklen Nacht.

2. Stille war es um die Herde.
   Und auf einmal war ein Leuchten
   und ein Singen ob der Erde,
   dass das Kind geboren sei,
   dass das Kind geboren sei!

3. Eilte jeder, dass er's sähe
   arm in einer Krippe liegen.
   Und wir fühlten Gottes Nähe.
   Und wir beteten es an,
   und wir beteten es an.

4. Immer werden wir's erzählen,
   wie das Wunder einst geschehen,
   und wie wir den Stern gesehen,
   mitten in der dunklen Nacht,
   mitten in der dunklen Nacht.

Schneeflöckchen, weiß Röckchen

Text und Melodie: Fredrik Vahle

Schnee-flöck-chen, weiß Röck-chen, wann kommst du ge-schneit, du kommst aus den Wol-ken, dein Weg ist so weit. Du kommst aus den Wol-ken, dein Weg ist so weit.

Spiele im Schnee

Angriff auf den Schlitten-Express
Ein Kind zieht den Schlitten-Express. Das ist ein Schlitten, auf dem ein Schuhkarton befestigt ist. Entlang der festgelegten Strecke lauern Schneepiraten. Sie bewerfen den Schlitten-Express mit Schneebombenkugeln. Schafft es ein Schneepirat, seine Schneebombenkugel in den vorbeifahrenden Karton zu werfen, dann darf der Schneepirat den Schlitten-Express übernehmen.

Schnee-Engel
Auf den Rücken in den Schnee legen. Die Beine öffnen und schließen, die Arme auf und ab bewegen. Vorsichtig wieder aufstehen, um den Abdruck im Schnee nicht zu verwischen. Zurück bleibt ein Schnee-Engel mit großen Flügeln und langem Kleid.

Schnee-Monster
Anstelle eine Schneemanns kann auch mal ein Schnee-Monster gebaut werden. Zum Abschluss Wasser mit Wasserfarben einfärben, in eine Sprühflasche füllen und das Schnee-Monster damit besprühen. Wenn bei jeder Füllung eine andere Farbe verwendet wird, gibt das ein kunterbuntes Monster.

Schneeball-Zielwerfen
Für jedes Feld wird eine Punktzahl festgelegt. Wer hat als Erster 20 Punkte?

Schneeball-Wettlauf
Wer bringt seinen Schneeball am schnellsten ins Ziel?

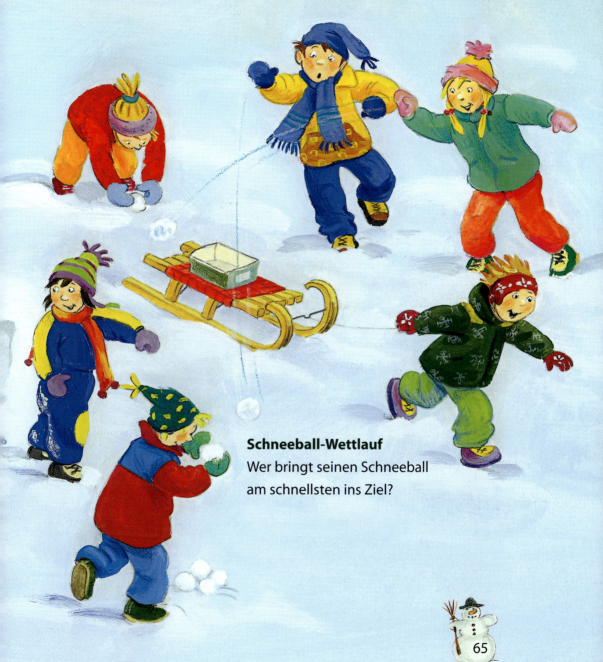

Schnee im Dorf

Wohin man schaut, lümmeln sie auf den Hecken, dick und weiß und faul, und drücken die Zweige nieder. Schneebären!

Auf den Ästen der Obstbäume liegen sie zu aberhunderten: Schneemarder und Schneemäuse! Schneepudel! Schneepumas! Und dort gar, in der großen Astgabel, ein richtiger Schneenikolaus!

Hubers haben einen Zaun. Der gilt nicht mehr. Schnee steigt von der Straße in Hubers Garten. Und von Hubers Garten in Auerbachs Garten.

Schnee.

Schnee.

Und es schneit noch immer.

Am Weg steht ein Nilpferd, bis hoch über die Ohren eingeschneit. Vielleicht stößt man auch, wenn man nachgräbt, auf ein Auto.

Ich gehe mitten auf der Straße.

Heute fährt nur, wer wirklich muss. Keiner muss wirklich.

Ich tue einen spaßigen Gang. Zum Postkasten. Unterm Mantel, in der inneren Rocktasche, trage ich einen Brief nach Graz. Ich hätte auch draufschreiben können: Paradies. Oder Atlantis. Es gibt nur noch das Dorf. Und vielleicht noch die Flur drum herum. Und wenn's hoch geht, den Wald auf dem Hügel.

Ein Schneemann kommt auf mich zu. Wir bleiben stehen und reden ein paar Worte miteinander.

Heute redet jeder mit jedem.

So ein Tag ist das.

Josef Guggenmos

Schneeflocken

Es schneit, hurra, es schneit!
Schneeflocken weit und breit!
Ein lustiges Gewimmel
kommt aus dem grauen Himmel.

Was ist das für ein Leben!
Sie tanzen und sie schweben.
Sie jagen sich und fliegen,
der Wind bläst vor Vergnügen.

Und nach der langen Reise,
da setzen sie sich leise
aufs Dach und auf die Straße
und frech dir auf die Nase.

Schneemann, rolle, rolle

Text und Melodie: trad.

1. Schneemann, rol-le, rol-le! Kriegst von wei-ßer Wol-le ei-nen di-cken Mantel an, Stei-ne sind als Knöp-fe dran.

2. Schneemann, guck nicht trübe!
Kriegst 'ne rote Rübe
zwischen deine Äugelein,
soll dein lustig Näslein sein.

3. Schneemann, lass dich malen!
Zwei Kartoffelschalen
unterm alten Sonntagshut
stehen dir als Ohren gut.

4. Schneemann, lass dich loben!
Bis die Sonne droben
dich versengt mit Kleid und Fell,
bleibst du unser Spielgesell.

Eisblumendschungel

Wenn draußen
die Sonne aufgeht,
blitzen und flitzen
winzige kleine goldene Tiger
durch den Eisblumendschungel
auf der Fensterscheibe.
Versuch sie zu fangen –
sie beißen dich in die Finger
mit eiskalten Zähnchen
und verschwinden
mitsamt ihrem Dschungel
im blanken Glanz
der Sonne.

Friedl Hofbaur

Übrigens ...
*Wenn sich Feuchtigkeit auf der eiskalten
Fensterscheibe niederschlägt, dann gefriert sie.
Die dünnen Eiskristalle, die dabei entstehen, nennt
man Eisblumen. Sie bilden oft ganz merkwürdige
Muster und Formen.*

Schneeflocken-Experiment

Das wird gebraucht:
eine Lupe
ein Stück schwarze Pappe

So wird's gemacht:
Wenn es schneit, die Pappe kurz in den Kühlschrank legen, damit sie richtig kalt wird. Die kalte Pappe und die Lupe mit nach draußen nehmen. Mit der Pappe Schneeflocken auffangen. Auf dem schwarzen Untergrund kann man die Schneeflocken mit der Lupe gut betrachten.

Übrigens ...

Das Grundmuster von allen Eiskristallen ist immer ein sechszackiger Stern. Aber keines sieht aus wie ein anderes. Jedes Eiskristall ist einmalig. Große Schneeflocken bestehen aus vielen Eiskristallen, die locker zusammenkleben.

Die Christrose

Als der Engel den Hirten verkündet hatte, dass der Heiland geboren war, wollten sie sofort aufbrechen um das Kind in der Krippe zu besuchen. Sie packten das Nötigste für unterwegs zusammen. Beinahe wären sie schon losgezogen, da gab der Älteste zu bedenken: »Sollen wir mit leeren Händen kommen?« – »Nein, das geht natürlich nicht«, gaben die anderen zu, »wir wollen dem Neugeborenen Geschenke mitbringen.«

Da die Hirten nicht reich waren, aber von Herzen schenken wollten, nahmen sie das mit, was sie selbst liebten. Der eine nahm frische Butter mit, ein anderer selbst gesammelten Honig, wieder andere nahmen Milch oder Wolle von ihren Schafen oder gar ein schönes weiches Lammfell. Nur der jüngste der Hirten hatte nichts zum Schenken. Er suchte nach einer Blume, die er mitbringen konnte. Doch weit und breit fand er keine.

Die anderen Hirten drängten zur Eile. Da fing der Hirtenjunge vor Verzweiflung an zu weinen. Seine Tränen fielen auf die harte Erde. Was der Junge dann durch seine Tränen sah, konnte er kaum glauben. Es waren zarte Blumen mit Blüten wie Rosen. Auf jedem Stiel standen fünf weiße Blütenblätter als Kelch zusammen. In ihrer Mitte leuchteten goldglänzende Staubgefäße wie eine Krone. »Das ist das schönste Geschenk, das ich für das Kind finden konnte!«, freute sich der Junge. Er pflückte die Blumen und die Hirten zogen zum Stall nach Bethlehem.

Als der Junge dem Christuskind die Blumen brachte, hat es – so erzählt man – gelächelt. Noch heute blüht diese Blume auch bei uns, mitten im Winter zur Weihnachtszeit. Wir nennen sie Christrose.

Anna Bremer

Blumen im Schnee

Vor vielen, vielen Jahren entdeckte der Mönch Laurentius bei einer Winterwanderung mitten im Schnee eine weiße, duftende Blume – eine Christrose. Ihm erschien es wie ein Wunder, dass unter solchen harten Bedingungen eine so schöne und zarte Blüte entstehen konnte. Als er wieder zu Hause war, dichtete er das Lied »Es ist ein Ros entsprungen«. Das klingt altmodisch und merkwürdig. In unserer heutigen Sprache bedeutet es »es ist eine Rose gewachsen«. Und tatsächlich erinnern die fünf weißen Blütenblätter und die gelben Staubgefäße an eine Wildrose.

Die Christrose ist schon eine besondere Blume. Mitten im Winter, sogar im Schnee, treibt sie Knospen und öffnet ihre Blüten. Manche Sorten blühen um die Weihnachtszeit. Kein Wunder, dass die Christrose schon immer als Zauberpflanze galt und sich viele Geschichten um sie ranken.

Aber Vorsicht, die Christrose ist eine Giftpflanze. Das sagt uns sogar ihr botanischer Name »Helleborus«. Der bedeutet so viel wie »tödliche Speise«.

Es ist ein Ros entsprungen

*Text und Melodie:
aus »Cölnisches Gesangbuch«*

2. Das Röslein, das ich meine,
davon Jesaias sagt,
hat uns gebracht alleine
Marie, die reine Magd,
aus Gottes ew'gem Rat
hat sie ein Kind geboren,
wohl zu der halben Nacht.

3. Das Blümelein so kleine,
das duftet uns so süß;
mit seinem hellen Scheine
vertreibt's die Finsternis:
Wahr' Mensch und wahrer Gott
hilft uns aus allem Leide,
rettet von Sünd' und Tod.

Es ist ein Ross entsprungen!

Es ist ein Ross entsprungen,
seht nur, wie hoch es sprang!
Warum ist es denn fort?
Ist ihm allein nicht bang?
O nein, denkt sich das Ross,
was Ochs und Eslein können,
das kann ich doch schon lang!

Christoph Mauz

Heiße Getränke für kalte Nasen

Heißer Apfelpunsch

Das wird gebraucht:
$^1/_2$ Liter Früchtetee
$^3/_4$ Liter Apfelsaft
1 Löffel Honig
Zimt- und Nelkenpulver
1 Löffel Zitronensaft

So wird's gemacht:
Den Apfelsaft erwärmen. Früchtetee und Zitronensaft dazugießen. Honig einrühren. Mit Zimt und einer kleinen Prise Nelkenpulver abschmecken. Apfelstücke oder Orangenscheiben dazugeben.

Heiße Schokolade

Für heißen Kakao wird Milch erhitzt und Instantpulver eingerührt, fertig!
Bei heißer Schokolade kommt richtiges Kakaopulver in die aufgekochte Milch und wird mit Zucker versüßt. Dazu vielleicht noch eine Prise Vanille, Zimt oder Kardamom. Zum Schluss noch ein Häubchen aus frisch geschlagener Sahne auf die heiße Schokolade setzen und Schokostreusel darüber streuen.

Bärenglück

Ein Bär läuft durch den Winterwald.
Der Winterwald ist bitter kalt.
Der Bär trägt einen Hut,
der ihn behüten tut.

Da hat der Bär den Hut verloren.
Da friert der Bär an Nas' und Ohren.
Da läuft er flink zur Mutter heim.
Da schlürft er Milch mit Honigseim*.
Da brummt der Bär und lacht.
Jetzt schlaf schön. Gute Nacht!

Hans Stempel und Martin Ripkens

* Seim ist ein altes Wort für dicken Honigsaft.

Register

Geschichten und Gedichte

Bärenglück (Hans Stempel und Martin Ripkens) 77
Blumen im Schnee 73
Der blank geputzte Weihnachtsstern (Christine Fehér) 45
Die Christrose (Anna Bremer) 72
Die Geschichte vom beschenkten Nikolaus (Alfons Schweiggert) 40
Die Weihnachtsmaus (James Krüss) 32
Die Zauberrosinen (Sarah Bosse) 6
Eine Wintergeschichte (Max Bolliger) 54
Eisblumendschungel (Friedl Hofbaur) 70
Es ist ein Ross entsprungen (Christoph Mauz) 75
In der Himmelsbäckerei (Dagmar Binder) 20
Reime für den Nikolaus 34
Schnee im Dorf (Josef Guggenmos) 66
Schneeflocken 68
Vom Christkind (Anna Ritter) 25

Lieder

Bald nun ist Weihnachtszeit 37
Ein Zwerglein ging zur Weihnachtszeit 30
Es hat sich halt eröffnet 24
Es ist ein Ros entsprungen 74
In der Weihnachtsbäckerei 4
Kam der Hahn nach Bethlehem 56
Kekse backen 18
Lasst uns froh und munter sein 36
Oh, es riecht gut 12
Schneeflöckchen, weiß Röckchen 62
Schneemann, rolle, rolle 68
Stern über Bethlehem 52
Stille Nacht 44
Wir wünschen euch frohe Weihnacht 42
Wisst ihr noch, wie es geschehen 60

Kochen und Backen

Bäckermeister Fröhlichs
   Himmlische Zimtsterne 14
Bunte Engelsküsse 27
Engelsaugen 26
Heiße Getränke für kalte
   Nasen 76
Stutenkerle 10

Basteln und Experimentieren

Apfel-Nikolaus 39
Erdnuss-Wichtel 38
Himmlische Weihnachts-
   grüße 28
Kamel-Karawane 17
Orangen-Pomander 16
Salzteig 50
Schneeflocken-
   Experiment 71
Sternen-Anhänger 50
Sternen-Kerzenhalter 50
Sternen-Stäbe 51
Stern-Girlanden 17
Tiermasken 59
Überraschungsnüsse 39
Weihnachts-Potpourri 16
Wunschengel 43

Schon gewusst?

Baiser 27
Christrose 73
Eisblumen 70
Eiskristalle 71
Gewürz-Karawane 17
Hefeteig 10
Orangeat 17
Pfefferkuchen 17
Rosinen 9
Stutenkerle 8
Weihnachtsgewürze 15
Zimt 15

Spielen

Angriff auf den Schlitten-
   Express 64
Schneeball-Wettlauf 65
Schneeball-Zielwerfen 65
Schnee-Engel 64
Schnee-Monster 64
Singspiel 58
Wichteln 31

Quellen

Gedichte/Geschichten
Max Bolliger, Eine Wintergeschichte. © Autor.
Sarah Bosse, Die Zauberrosinen. © Autorin.
Anna Bremer, Die Christrose. © JUMBO Neue Medien & Verlag, Hamburg.
Josef Guggenmos, Schnee im Dorf. Aus: ders., Oh, Verzeihung sagte die Ameise.
  © 1990 Beltz & Gelberg in der Verlagsgruppe Beltz, Weinheim & Basel.
Friedl Hofbauer, Eisblumendschungel. © Autorin.
James Krüss, Die Weihnachtsmaus. © James Krüss, 2001, Der wohltemperierte Leierkasten,
  erschienen im C. Bertelsmann Jugendbuch Verlag, München,
  einem Unternehmen der Verlagsgruppe Random House GmbH.
Christoph Mauz, Es ist ein Ross entsprungen! © Autor.
Alfons Schweiggert, Die Geschichte vom beschenkten Nikolaus. © Autor.
Hans Stempel und *Martin Ripkens*, Bärenglück. © Autoren.

Lieder
Hermann Claudius (Text), *Christian Lahusen* (Melodie), Wisst ihr noch, wie es geschehen?
  Aus: Neue Weihnachtslieder (BA 1345) © by Bärenreiter-Verlag, Kassel.
Klaus W. Hoffmann (Text und Melodie), Kam der Hahn nach Bethlehem.
  © Aktive Musik Verlagsgesellschaft mbH, Postfach 100102, 44001 Dortmund.
Bernd Kohlhepp (Text) und *Jürgen Treyz* (Melodie), Kekse backen / Ein Zwerglein ging zur Weihnachtszeit.
  © Autoren
Christel Ulbrich (Text und Melodie), Oh, es riecht gut. © Deutscher Verlag für Musik GmbH.
Fredrik Vahle (Text und Melodie), Schneeflöckchen, weiß Röckchen. Aus: Anne Kaffeekanne.
  © Aktive Musik Verlagsgesellschaft mbH, Postfach 100102, 44001 Dortmund.
Carola Wilke (Text), *Wolfgang Stumme* (Melodie), Bald nun ist Weihnachtszeit.
  © Möseler Verlag, Wolfenbüttel.
Alfred Hans Zoller (Text und Melodie), Stern über Bethlehem. Aus: Neue geistliche Lieder (BE 285)
  © by Gustav Bosse Verlag, Kassel.
Rolf Zuckowski (Text und Melodie), In der Weihnachtsbäckerei.
  © Mit freundlicher Genehmigung MUSIK FÜR DICH Rolf Zuckowski OHG, Hamburg.

Trotz aller Bemühungen konnten leider nicht alle Rechteinhaber ausfindig gemacht werden.
Rechtmäßige Ansprüche werden vom Verlag abgegolten.

Bibliografische Information der Deutschen Bibliothek
Die Deutsche Bibliothek verzeichnet diese Publikation
in der Deutschen Nationalbibliografie;
detaillierte bibliografische Daten sind im
Internet über http://dnb.ddb.de abrufbar.

© 2005 Patmos Verlag GmbH & Co. KG, Düsseldorf
Alle Rechte vorbehalten
Umschlaggestaltung: Heike Ossenkop, pinxit, Basel
unter Verwendung einer Illustration von Irmgard Paule
Printed in Austria
ISBN 3-491-38084-7
www.patmos.de